Collana **Ital**
4° liv

Italiano Facile
Collana di racconti

Progetto grafico copertina: Leonardo Cardini
Progetto grafico interno: Paolo Lippi
Illustrazioni interne e copertina: Mat Pogo
Prima edizione: 1996
Ultima ristampa: aprile 2007
ISBN libro 978-88-86440-24-0

© ALMA EDIZIONI
viale dei Cadorna, 44 - 50129 Firenze - Italia
Tel. +39 055 476644 - Fax +39 055 473531
info@almaedizioni.it
www.almaedizioni.it

PRINTED IN ITALY
la Cittadina, azienda grafica - Gianico (BS)
info@lacittadina.it

-Nota.
A cura di Ciro Massimo Naddeo: pag. 5-28 e 48-59
A cura di Alessandro De Giuli: pag. 29-46 e 60-75

Alessandro De Giuli
Ciro Massimo Naddeo

OPERA!

ALMA Edizioni
Firenze

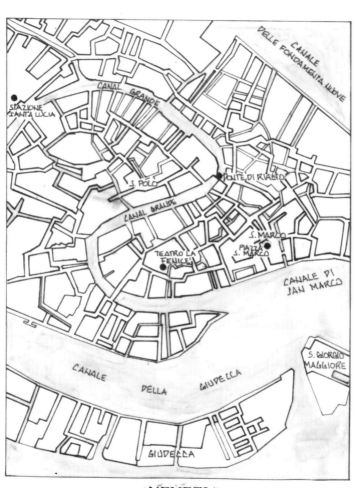

VENEZIA

INTRODUZIONE

La ragazza

Il braccio era vicino al telefono. Forse la ragazza aveva cercato di chiamare qualcuno, ma poi non aveva avuto il tempo di farlo. I lunghi capelli neri scendevano sul viso e coprivano gli **occhi**. Sul **collo** c'era una lunga linea viola. Da qui era uscito molto sangue, era caduto sul letto e poi sul **pavimento**. Dalla finestra, che era aperta, entrava la luce di un mattino grigio. A Venezia il cielo è sempre un po' triste.

"La ragazza è morta tra l'una e le due di questa notte", ha detto il medico. "L'assassino l'ha uccisa con un **rasoio**."

Il **commissario** di polizia Pino Occhiofino si è acceso una sigaretta. Ha guardato ancora una volta il corpo della ragazza e poi ha preso qualcosa dal tavolo vicino al letto.

"E questo cos'è?" - ha domandato.

occhi

collo

pavimento: la parte della casa dove si cammina

rasoio

commissario: ispettore di polizia

"È musica classica, commissario. Quando la **cameriera** è entrata nella camera, stamattina, ha detto che c'era questo cd che girava nello stereo. Deve aver suonato tutta la notte."

Il commissario ha messo il cd nello stereo. L'ha ascoltato per qualche secondo.

"Che musica triste...", ha detto.

"È il Requiem di Verdi, commissario: musica per i morti."

La camera era piena di poliziotti. Li aveva chiamati il direttore dell'albergo un'ora prima, quando la cameriera era entrata per fare le pulizie e aveva trovato la ragazza sul letto, morta.

"Avete saputo chi era? Che cosa faceva?"

"Era una cantante d'opera. Sembra che sia arrivata ieri sera da Milano insieme a un gruppo di musicisti. Si chiamava Antonietta."

"Va bene, andiamo a sentire questi musicisti."

Il commissario Occhiofino è uscito dalla camera. Era un po' nervoso. Quella mattina non iniziava bene per lui, erano appena le dieci e c'era già un brutto lavoro da fare: trovare un assassino non è una cosa facile.

"E quello chi è?" - ha chiesto al poliziotto che stava in piedi davanti alla porta.

"Non lo so commissario, voleva entrare a vedere e io l'ho fermato."

"Sono un detective privato", ho detto, "mi chiamo Antonio Esposito."

Il commissario Occhiofino è diventato ancora più nervoso: come tutti i poliziotti, non amava i detective.

"Cosa fa qui? Che vuole?"

"È una storia un po' lunga, commissario. Se mi lascia parlare, Le spiego tutto."

Il commissario Occhiofino mi ha guardato malissimo, con i suoi

---

cameriera: donna che lavora in albergo. Es.: *la cameriera pulisce le camere dell'albergo.*

occhi da poliziotto un po' stupido.

"Va bene", ha detto, "sentiamo questa storia."

Mi sono acceso anch'io una sigaretta e ho iniziato a raccontare.

PARTE PRIMA

Il proprietario

Tutto è cominciato una sera di qualche giorno fa. Era venerdì. A Milano pioveva forte e faceva freddo. La mia vecchia Volkswagen si era fermata in mezzo alla strada, lasciandomi a piedi. Per tornare a casa avevo camminato due chilometri sotto la pioggia ed ero arrivato con i vestiti bagnati e i piedi gelati. Avevo i reumatismi e il **riscaldamento** era rotto.

Che fare? Di solito in questi casi mi preparo una buona cena. Così alle otto ho iniziato a mangiare: spaghetti, pollo al marsala e patate. In quel momento il proprietario, che abitava al piano di sotto e certamente mi aveva visto entrare, ha bussato alla porta.

Era un tipo basso, con gli occhiali, una di quelle persone che quando parlano non ti guardano in faccia.

"Sono qui per i soldi dell'affitto", mi ha detto, "due mesi di ritardo, Lei mi capisce..."

Lo capivo, ma i soldi io non li avevo, si sa com'è il lavoro di un detective, ci sono dei mesi buoni ed altri meno.

"Senta", gli ho detto, "questo mese il lavoro è andato male, ho avuto pochissimi clienti; però Le darò i suoi soldi, non si preoccupi; deve solo avere un po' di pazienza, aspettare ancora qualche giorno. Lei, invece, non ha visto che il riscaldamento è rotto? Che cosa pensa di fare? Ha intenzione di **ripararlo** o vuole farmi morire di freddo?"

---

riscaldamento: il riscaldamento serve per scaldare la casa. Es.: *quando fa freddo, accendo il riscaldamento.*

ripararlo: sistemarlo, aggiustarlo, rimetterlo in funzione. Es.: *questo orologio non va, devo ripararlo.*

"Prima paghi l'affitto e poi parliamo del riscaldamento", mi ha risposto. E ha continuato: "Vede signor Esposito, il mio sbaglio è stato di affittare la casa ad uno come Lei, che è di Napoli; con voi **meridionali** non si sta mai tranquilli, c'è sempre qualche problema. La verità è che l'Italia si divide in due: noi del nord, che lavoriamo e siamo tutta gente onesta, e voi del sud, che invece non avete voglia di far niente e venite qui a rubarci i soldi. E non pensi che sono razzista."

"Abito a Milano da vent'anni", ho detto io, "e discorsi come i suoi ne ho sentiti tanti. Quello che penso non Glielo dico, perché con gente come Lei non parlo. E adesso per favore se ne vada, devo ancora mangiare e la cena diventa fredda."

Poi ho chiuso la porta e sono tornato a tavola. Lui è rimasto lì, dietro la porta, l'ho sentito mentre gridava "Le do ancora una settimana, non un giorno di più!", quindi è andato via.

Ho pensato: "questo mondo è pieno d'idioti e i proprietari di case sono i peggiori di tutti, ma adesso è meglio non pensarci, mi mangio questo piatto di spaghetti e ci bevo sopra un bicchiere di Chianti."

Poi di bicchieri ne ho bevuti quattro, perché senza il riscaldamento faceva proprio freddo, e alla fine per scaldarmi mi sono messo anche il **cappotto**.

Più tardi, mentre mangiavo il pollo, ho sentito di nuovo bussare, ma questa volta non era il proprietario. Davanti alla porta c'era un ragazzo di circa vent'anni, alto, magro e con i capelli lunghi.

"Pollo al marsala", mi ha detto, "non mi posso sbagliare, si sente dal profumo, mia madre lo faceva sempre. Posso entrare?"

Non lo conoscevo. Che cosa voleva?

"Vengo dal Teatro dell'Opera", ha continuato, "lavoro alla biglietteria

---

meridionali: gente del sud. Es.: *i meridionali vivono al sud, i settentrionali al nord.*

cappotto

della **Scala**. La direzione mi ha detto di portarLe questo. Non mi chieda perché."

Mi ha dato una busta bianca, con sopra il mio nome e il mio indirizzo. Dentro c'era un biglietto con un invito per il giorno dopo. L'opera in programma era *La Bohème* di Giacomo Puccini.

"Forse c'è uno sbaglio", ho detto, "io non aspettavo nessun invito. Dev'essere per qualcun altro. Però Puccini mi piace e *La Bohème* è una grande opera."

"Allora lo tenga. Se Le piace Puccini, è un'occasione da non perdere. Nel cast c'è Giuseppina Reggiani, la famosa **soprano**. La conosce?"

"Sì, ha una voce fantastica. Lei ha ragione: credo che terrò il biglietto."

Scala: è il nome del Teatro dell'Opera di Milano.
soprano: cantante d'opera (donna). Es.: *Maria Callas era una grande soprano.*

Note

La cantante

Il commissario Occhiofino mi guardava con occhi **impazienti**. Stava diventando nervoso.

"Senta signor Esposito, io non ho tempo da perdere. Qui è morta una ragazza e Lei mi parla di spaghetti e pollo al marsala!"

"Mi lasci finire, signor commissario. Le avevo detto che la storia era un po' lunga. Allora, dov'ero arrivato... Ah sì: a *La Bohème*. Dunque, la sera dopo sono andato alla Scala e ho ascoltato l'opera. Giuseppina Reggiani ha cantato benissimo. Era una donna grande e grossa, con una voce molto bella. Alla fine, quando tutto il pubblico si è alzato per lasciare il teatro, un uomo con un vestito blu è venuto a chiamarmi.

"Venga", mi ha detto, "la signora Reggiani L'aspetta."

L'ho seguito per un lungo corridoio e poi per una scala di due piani che portava nella parte del teatro riservata agli artisti. L'uomo ha aperto una porta e mi ha invitato ad entrare.

Giuseppina Reggiani era seduta di fronte allo specchio. Davanti a lei c'era una grande torta al cioccolato. La cantante la mangiava velocemente, con le mani. Era grassa, ma aveva begli occhi e un sorriso un po' triste che la faceva sembrare simpatica.

"C'è un pazzo che vuole uccidermi", mi ha detto, "e la cosa non è divertente."

"Sentiamo", ho detto io.

Mi sono seduto su una sedia e mi sono acceso una sigaretta. Poi, siccome continuava a mangiare e non parlava, ho chiesto:

"Allora, cos'è questa storia? Perché pensa che qualcuno La voglia uccidere?"

---

impazienti: nervosi, il contrario di pazienti. Es.: *Carlo e Mario sono impazienti, non vogliono aspettare.*

"Hanno già ucciso Rocco", ha risposto.

"Chi è Rocco?"

"Il mio gatto. Era bellissimo, bianco e marrone. Sembrava uscito da un film di Walt Disney."

"**Odio** Walt Disney", ho detto, "e di gatti non mi occupo: sono un detective, non la Protezione Animali."

"Hanno cercato di uccidere anche Gegia", ha detto lei.

"Ma quanti gatti ha?"

"Gegia non è un gatto, è la mia segretaria."

"Ah, allora le cose cambiano."

"L'altra sera qualcuno **l'ha aggredita** qui dentro al teatro. Ha cercato di colpirla con un rasoio. Lei è scappata, per salvarsi si è buttata dalla finestra del secondo piano. Adesso è all'ospedale, con le gambe e le braccia rotte."

La cantante ha preso un altro pezzo di torta, poi ha continuato:

"Guardi questa lettera, è arrivata ieri."

L'ho letta. Non c'era scritto molto, solo due parole: *Morirete tutte.*

"Quell'uomo non scherza", ha detto la cantante, "Lei deve scoprire chi è, prima che mi uccida."

"D'accordo, ma Le costerà un po'. È un lavoro difficile."

"I soldi non mi mancano, sono una cantante famosa, ho successo. E poi lo so bene: oggi la vita costa cara."

"In tutti i sensi", ho detto io.

Lei ha sorriso, mostrandomi la bocca sporca di cioccolata. La torta era quasi finita.

"Non Le ho chiesto se ne vuole un po'."

"Grazie, non mangio cioccolata. Solo dolci alla frutta."

"Lei è uno strano tipo, signor Esposito, però mi è simpatico."

Odio (inf. odiare): non amo, non mi piace. Es.: *odio il mare e amo la montagna.*
l'ha aggredita (inf. aggredire): ha cercato di ucciderla, di farle del male.

In quel momento qualcuno ha bussato alla porta. È entrato un uomo alto, con un **guanto** nero alla mano sinistra. Era il **direttore d'orchestra**. Mi ha guardato un momento e poi si è girato subito verso la donna:

"Torta al cioccolato", ha detto, "l'hai mangiata di nuovo. Lo sai che non puoi."

La cantante ha abbassato gli occhi. Sembrava dispiaciuta.

"Avevi promesso di non farlo", ha continuato lui, "e invece guardati: sei tutta sporca, hai la cioccolata anche nel naso."

"Hai ragione", ha detto lei, "ho sbagliato; ma tu mi conosci, i dolci mi piacciono e la cioccolata è la mia passione."

E lui: "va bene, adesso pulisciti, per questa volta ti perdono."

Poi si è girato verso di me: "mia moglie non può mangiare dolci, il medico gliel'ha proibito."

"Certi medici sono dei criminali", ho detto io.

Mi sono acceso un'altra sigaretta. La notizia che Giuseppina Reggiani era sposata con il direttore d'orchestra mi aveva un po' sorpreso. L'uomo si è seduto; si è tolto la giacca, ma non il guanto.

"Le è piaciuta?" - mi ha chiesto.

"La torta? L'ha mangiata tutta lei."

"Parlavo dell'opera..."

"Ah, l'opera... Sì, certo; sua moglie è bravissima."

"È vero, ma ogni tanto ha delle strane idee. Adesso, per esempio, crede che ci sia qualcuno che la vuole uccidere. È morto il gatto, questo è tutto. Uno scherzo idiota di qualche ragazzo."

"Anche quello che è successo alla segretaria era uno scherzo?"

"Questa è un'altra storia. Quella donna ha un cattivo **carattere**.

---

 guanto

direttore d'orchestra

carattere: personalità. Es.: *Paolo ha un buon carattere,*
è gentile e simpatico.

Note

Probabilmente ha avuto una brutta discussione con qualcuno."

"E la lettera?"

"Ci sono tanti stupidi", ha risposto lui.

"Va bene", ho detto io alzandomi, "visto che è tutto chiaro, non c'è più bisogno di me. Buonasera e grazie per l'invito: l'opera era bellissima."

"Aspetti" ha detto la cantante, "non ascolti mio marito. Sono io che La pago. Prenda questi soldi e cominci il lavoro. E per favore: trovi quel pazzo."

La segretaria

"Senta, signor Esposito, io ancora non capisco dove vuole arrivare. Stanotte, qui a Venezia, è morta una ragazza che si chiama Antonietta. Lei invece mi parla di Milano, di Gegia e di Giuseppina Reggiani."

Il commissario Pino Occhiofino aveva fretta. Come tutti i poliziotti, non sapeva ascoltare.

"Ancora un po' di pazienza, signor commissario, fra poco arrivo a Venezia e ad Antonietta", ho detto. Poi ho continuato a raccontare.

Allora, quando quella sera sono uscito dal teatro, ho pensato: "Per cominciare, andrò a conoscere la segretaria. Forse questa Gegia ha qualcosa d'interessante da dire."

Così il giorno dopo sono andato all'ospedale. Ho chiesto a un'**infermiera** il numero della stanza e sono entrato.

Sul letto c'era una donna grassa, brutta. Dal modo in cui mi guardava

---

infermiera: donna che lavora in ospedale con i malati.

si capiva che non stava bene, ma né le braccia né le gambe sembravano rotte.

"Le devo fare alcune domande", ho detto. "Sono un detective, mi chiamo Antonio Esposito."

"Domande? Che domande? Non lo vede che sto male?"

"Lo so che sta male, è per questo che sono qui. E comunque **non si lamenti**: dopo tutto è stata fortunata, poteva andarLe peggio."

"Ma che dice? Si può sapere cosa vuole da me?"

"Voglio solo che mi racconti cosa è successo quella sera", ho spiegato, "e chi era quell'uomo, che cosa Le ha detto... Allora, da dove cominciamo?"

"Lei è un pazzo. Esca subito da qui o chiamo l'infermiera."

A questo punto **mi sono innervosito**.

"Senti, brutta grassona", ho detto mettendole un dito sulla faccia, "credi che sia divertente per me stare qui a parlare con te? Cerca di non fare la stupida e rispondi alle domande!"

"Maleducato! Non Le permetto di parlarmi in questo modo... Vada via!"

"Allora non hai capito", ho continuato, "la signora Reggiani mi paga per fare questo lavoro e io non me ne andrò da qui finché non avrai risposto alle mie domande, è chiaro?"

"Scusi, ma Lei chi cerca?"

"Cerco Gegia, stanza 321."

"Questa è la 322, la 321 è quella di fronte. Io mi chiamo Renata, ho due by-pass e non mi posso arrabbiare. E adesso per favore chiami l'infermiera: mi sento malissimo."

Qualche minuto dopo, finalmente, ho parlato con Gegia. Stava a letto

---

non si lamenti (inf. lamentarsi): non protesti, non pianga. Es.: *non si lamenti signorina, la vita è bella.*

mi sono innervosito (inf. innervosirsi): sono diventato nervoso, mi sono arrabbiato.

come una **mummia**, con le gambe alzate e le braccia sul petto. Non era brutta, ma aveva un viso lungo e magro come un quadro di **Modigliani** e un modo di parlare un po' nervoso.

"Quella sera sono rimasta in teatro più del solito", mi ha detto. "C'erano molte cose da fare e così alle nove non avevo ancora finito. Siccome ero stanca ho deciso di continuare il lavoro a casa. Mi trovavo al terzo piano, nella parte riservata agli uffici, e a parte me nel teatro a quell'ora c'era solo il portiere, che però stava al piano terra, vicino all'entrata. Ho attraversato i corridoi bui; mi ricordo che in quel momento la radio interna del teatro **diffondeva** il Requiem di Verdi e dentro di me ho avuto un po' di paura, perché quel Requiem è bellissimo, ma di sera, nel teatro vuoto, fa una strana impressione. A un certo punto ho sentito dei rumori dietro di me, è stato un momento, mi sono girata e ho visto un uomo con un rasoio in mano. Ho gridato, ho chiesto aiuto, ma la musica era troppo forte; allora ho cominciato a correre, sono scesa fino al secondo piano, lui mi è venuto dietro e ha cercato di colpirmi con il rasoio; così, quando ho visto che la finestra era aperta, non ci ho pensato troppo: ho chiuso gli occhi e mi sono buttata. Ora eccomi qui, ho le gambe e le braccia rotte, però grazie a Dio sono viva."

"Ha visto il viso di quell'uomo?" - ho chiesto.

"E come è possibile", ha detto lei, "era tutto buio, non si vedeva niente. L'unica cosa che mi ricordo è quel rasoio che aveva in mano, Dio mio che paura, non ci posso pensare, ce l'ho ancora davanti agli

mummia

Modigliani: pittore italiano del '900, famoso per le sue donne dal viso lungo e magro.

diffondeva (inf. diffondere): mandava, trasmetteva. Es.: *la radio diffondeva una musica molto bella.*

occhi; ma lui proprio no, io non l'ho visto, e questo l'ho detto anche alla polizia quando è venuta: domandatemi tutto, ma non com'era fatto quell'uomo, perché non lo so. Io in quel momento pensavo solo a scappare e certo non mi sono fermata a guardarlo. Ma adesso per favore mi lasci riposare. Stanotte non ho dormito e sono stanchissima."

La giovane cantante

Quando sono uscito dall'ospedale è cominciato a piovere. Sono andato verso la macchina ma una ragazza mi ha fermato.

"Allora, cosa Le ha detto?" - mi ha chiesto.

"Eh?"

"Lei non è il signor Esposito? L'investigatore privato?"

"Sì, sono io."

"Gegia...", ha continuato lei, "non Le ha detto niente del pazzo?"

"Sì, mi ha spiegato tutto. Ma scusi: Lei chi è?"

Stava piovendo forte. Eravamo in mezzo alla strada e ci stavamo bagnando. Avevo i reumatismi.

"Mi chiamo Antonietta", ha risposto lei, "Le devo parlare."

"Qui?"

"Qui o in un altro posto per me è lo stesso."

"Allora entriamo in macchina. Non ho voglia di fare la doccia."

La ragazza era una di quelle che non si dimenticano: alta, magra, con un bel viso dolce, occhi verdi e lunghi capelli neri.

"Sono una delle cantanti de *La Bohème*", mi ha detto quando siamo entrati in macchina. "Sono venuta a trovare Gegia. Quel pazzo vuole uccidere anche me. Guardi questa."

Era una lettera uguale a quella che mi aveva dato Giuseppina Reggiani. C'erano scritte le stesse parole: "*Morirete tutte.*"

"Quando l'ha ricevuta?"

"L'altro giorno. All'inizio ho pensato a uno scherzo, ma dopo quello che è successo a Gegia... Come stava?"

"Come una che ha visto la morte in faccia. Ora dorme, non è un buon momento per vederla."

"Allora tornerò domani. Adesso vado in teatro. Arrivederci, signor Esposito."

"Aspetti, sta piovendo. Se non Le dispiace, L'accompagno."

La ragazza ha guardato prima me e poi la mia macchina.

"Con questa?" - ha detto.

"Stia tranquilla: è vecchia ma cammina ancora."

La macchina è partita facendo un gran rumore, però questa volta non si è fermata. Quando siamo arrivati in teatro, abbiamo incontrato Giuseppina Reggiani. Stava mangiando dei bignè al cioccolato.

"Ne volete uno?" - ci ha chiesto.

"No, grazie. La cioccolata non mi piace", ho risposto.

Le due cantanti hanno parlato un po' tra loro, poi Giuseppina Reggiani mi ha fatto una proposta.

"Tra due giorni iniziamo la tournée: *La Bohème* va a Venezia. Lei viene con noi, non è vero?"

Ci ho pensato un momento: mi pagava il viaggio e l'albergo, pranzo e cena nei migliori ristoranti. A casa mia morivo di freddo e giravo con il cappotto. Le ho detto di sì.

Così ieri sera sono arrivato a Venezia. Ho cenato in albergo con i musicisti e poi sono andato a dormire. Questa mattina, quando mi sono svegliato, Antonietta era morta.

PARTE SECONDA

Il commissario

"Questa storia non mi piace", ha detto il commissario Occhiofino quando ho finito di raccontare.

Il cielo di Venezia adesso era scuro. Stava per piovere. Nell'albergo continuavano ad arrivare poliziotti.

"Se ho capito bene", ha detto il commissario, "l'assassino è un pazzo che sta cercando di uccidere le donne che lavorano ne *La Bohème*."

"Esatto commissario: prima Gegia e adesso Antonietta. E il metodo è sempre lo stesso: rasoio e Requiem di Verdi."

Stavamo scendendo le scale dell'albergo per andare nella hall, dove c'erano gli altri artisti. I poliziotti stavano portando via il corpo della ragazza.

"Il Requiem", ha ripetuto il commissario, "è vero; tutte e due le volte c'era quella strana musica che suonava. Ma che cosa significa?"

"Non lo so. Forse al nostro amico piace Verdi", ho detto io.

Il commissario Occhiofino ha sceso l'ultimo piano di scale. Poi si è fermato davanti alla porta della hall.

"Andiamo a sentire questi artisti", ha detto.

Per tutta la mattina la polizia ha ascoltato i musicisti, ma all'ora in cui Antonietta era morta, tutti dormivano. Anche sulle ultime ore di vita della ragazza non si avevano molte informazioni: la sera, verso le dieci, qualcuno l'aveva vista salire nella sua camera, poi nessuno sapeva più niente.

"Brutta storia", ha ripetuto il commissario Occhiofino mentre lasciava l'albergo.

Il violinista

Fare il caffè è un'arte difficile: c'è chi la conosce bene, chi abbastanza, chi solo un po'. Il barista dell'albergo non la conosceva per niente.

"Lei è un criminale", gli ho detto, "questa **roba** la dia ai turisti."

Fuori pioveva. Avevo i reumatismi e anche un po' di mal di testa. Non era la mia giornata. Forse non era neanche la mia settimana. Né il mio mese...

Il bar era pieno di musicisti. Uno di loro, un signore un po' **anziano** con i capelli bianchi, mi ha chiesto una sigaretta.

"Il medico me l'ha proibito", mi ha detto, "ma io non lo ascolto: tanto prima o poi dobbiamo morire tutti."

"Mi sembra giusto", ho sorriso.

"Lei dev'essere quel detective che lavora per la signora Reggiani, mi sbaglio?"

"No, non si sbaglia. Sono io."

"Sa, dopo quello che è successo noi musicisti cominciamo ad avere un po' di paura. Ma mi scusi, non mi sono ancora presentato: mi chiamo Enea e suono il violino nell'orchestra."

"Piacere. Io mi chiamo Antonio... Antonio Esposito."

"Meridionale?"

"Sì, di Napoli."

"Ah, di Napoli... Come la mia ex moglie: trent'anni terribili."

"Anche Lei è contro i meridionali?"

"Ma no, cosa ha capito... Io sono contro il matrimonio!"

Abbiamo riso. Questo Enea era una persona simpatica.

---

roba: cosa (si usa per qualcosa di molto generale). Es.: *cos'è questa roba?*
anziano: vecchio (si usa per le persone). Es.: *il papà di Mario è anziano, ha settant'anni.*

Note

Mentre parlavamo, nel bar è entrato anche il direttore d'orchestra. Si è seduto a un tavolo e ha ordinato un Martini. Aveva il solito guanto nero alla mano sinistra.

"Molti anni fa ha perso la mano in un incidente", mi ha detto Enea, "e adesso ne ha una di legno. Però è ancora un bell'uomo e con le donne ha un grande successo. Specialmente con quelle giovani e carine."

"E la moglie?", ho chiesto.

Enea ha spento la sigaretta. È venuto più vicino per non essere ascoltato dagli altri musicisti.

"Senta, signor Esposito, lo sanno tutti perché l'ha sposata. Non certo per amore. Prima di conoscere Giuseppina Reggiani quell'uomo non era nessuno e adesso lavora solo perché è suo marito, questa è la verità. Ma lei, povera donna, è troppo innamorata per capirlo. Come si dice: l'amore è **cieco**."

La violoncellista

La sera, per chiarirmi le idee, sono uscito a fare una passeggiata. Vicino a piazza San Marco ho trovato un ristorante che proponeva cucina tipica. Il proprietario era un uomo dalla faccia simpatica.

"Se il signore mi permette, come primo Le consiglio i **ravioli di ricotta**. Li prepara mia moglie e in tutta Venezia nessuno li fa così buoni. E poi Le porto anche una bottiglia di Bardolino. Con i ravioli è il vino che ci vuole."

"Va bene", ho detto, "accetto il consiglio."

La moglie mi ha servito la cena. Era una signora di circa cinquant'anni,

---

cieco: non vede, non ha occhi. Es.: *quell'uomo è cieco, non vede niente.*
ravioli di ricotta: tipo di pasta.

Note

petto grande e braccia **muscolose**, più simile a un uomo che a una donna, però il marito aveva ragione: i suoi ravioli erano fantastici.

"Il segreto è mettere due uova nella ricotta", mi ha spiegato, "e poi due cucchiai di parmigiano. I ravioli devono essere molto grandi, perché così si cuociono meglio. Io li faccio da trent'anni e sono buonissimi."

Mi ha scritto la ricetta su un foglio e me ne ha portati ancora un po'. Mentre mangiavo, mi sono accorto che a un tavolo alla mia destra era seduta una musicista dell'orchestra. Quando mi ha visto, si è avvicinata per parlarmi.

"Mi chiamo Alba e suono il **violoncello** nell'orchestra", mi ha detto. "Lei conosce Vivaldi?"

Come domanda era un po' strana.

"Antonio Vivaldi, il grande musicista? Certo che lo conosco. Ha scritto delle cose bellissime."

"Era veneziano, come me. Lo chiamavano il **prete** rosso, perché era un prete e aveva i capelli rossi. Così io e lui abbiamo due cose in comune: la città e i capelli."

"È vero, anche Lei ha i capelli rossi. Ma perché mi racconta queste cose?"

"Così, era un modo per iniziare la conversazione. Mi posso sedere al Suo tavolo?"

Stavo per dirle di sì, ma lei si era già seduta. Era una ragazza carina,

---

muscolose: molto forti, grandi. Es.: *Arnold Schwarzenegger ha delle braccia molto muscolose.*

violoncello

prete: religioso della chiesa cattolica. Es.: *la domenica, in chiesa, il prete parla alla gente.*

con lunghi capelli rossi ed occhi intelligenti. Non doveva avere più di venticinque, ventisei anni.

"Ero molto amica di Antonietta", mi ha detto, "e stamattina, quando è arrivata la polizia, stavo così male che non ho avuto la forza di parlare con nessuno. Ma adesso non posso più aspettare. So che Lei è un detective e Le vorrei dire una cosa importante."

"Sentiamo."

"Si tratta del direttore d'orchestra. Forse Lei non lo sa, ma tra lui e Antonietta c'era una relazione sentimentale."

"Questo m'interessa più di Vivaldi", ho detto. "Continui."

"Si erano conosciuti qualche mese fa a Milano, mentre lavoravano ne *La Traviata* di Verdi, ed erano diventati amanti. Naturalmente era una relazione segreta e la signora Reggiani non ne sapeva niente. All'inizio le cose tra loro andavano bene, ma poi sono cominciati i problemi. Lui era molto geloso e questo ad Antonietta non piaceva. Non si sentiva libera. Proprio ieri sera, prima di essere uccisa, Antonietta ha parlato con me. Mi ha detto che era stanca di quell'uomo e che voleva lasciarlo. Gli aveva dato un appuntamento alle dieci nella sua camera per dirgli questo. Perciò io sono sicura: è lui l'assassino."

"Se è così", ho detto, "perché ha cercato di uccidere anche Gegia? E perché ha scritto quelle lettere alla moglie e ad Antonietta?"

La ragazza non mi ha lasciato il tempo di finire la domanda: si è alzata ed è uscita dal ristorante.

"Signorina!"- ho gridato. - "Dove va?"

Sono corso fuori. Era buio; il mare, davanti a noi, aveva un colore verde scuro. La violoncellista si è girata per parlarmi un'ultima volta:

"Le ho già detto troppo, ora mi lasci andare."

Poi mi ha salutato ed è scomparsa nella notte.

Note

Il direttore d'orchestra

Non so se conoscete *La Bohème*. Siamo a Parigi, nel 1800. Rodolfo è un poeta senza soldi, Mimì una donna giovane e bella. I due s'innamorano e vivono una grande passione ma lei, che è molto malata, alla fine muore. Insomma, una storia romantica e tragica.

La scena più bella dell'opera è alla fine del primo atto. Fino a questo momento noi abbiamo conosciuto solo Rodolfo e di Mimì ancora non sappiamo niente. Adesso, finalmente, i due s'incontrano. È una scena famosa: Mimì, che abita nello stesso palazzo, bussa alla porta di Rodolfo e gli chiede di accenderle un **lume**. Rodolfo la invita ad entrare e le offre da bere; poi le accende il lume e la riaccompagna alla porta, ma la luce si spegne e la chiave di casa di Mimì cade per terra. Mentre la cercano, al buio, le loro mani s'incontrano. La mano di Mimì è fredda, gelata. Rodolfo la prende. Poi, mentre l'orchestra suona una melodia dolcissima, inizia a cantare:

Che gelida manina!
Se la lasci riscaldar.
Cercar che giova? *Al buio non si trova.*
Ma per fortuna è una notte di luna,
e qui la luna l'abbiamo vicina.
Aspetti, signorina,
Le dirò con due parole
chi sono, che faccio e come vivo. Vuole?
Chi son? Sono un poeta.
Che cosa faccio? Scrivo.
E come vivo? Vivo.

---

lume: lampada. Es.: *la sera, quando leggo, accendo il lume.*
Cercar che giova?: A cosa serve cercare? (la chiave). Giovare = servire
e qui la luna l'abbiamo vicina: Rodolfo abita in una mansarda (appartamento all'ultimo piano di un palazzo), per questo dice che la luna è vicina.

Ivan, il **tenore** che faceva Rodolfo, non era italiano. Veniva dalla Bulgaria. Cantava quest'aria pronunciando le parole con il suo accento straniero; ma al pubblico della Fenice, il Teatro dell'Opera di Venezia, questo non interessava molto. La vera star dello spettacolo, infatti, era Giuseppina Reggiani.

"Mi chiamano Mimì, ma il mio nome è Lucia", cantava lei, *"mi chiamano Mimì, il perché non so..."*, e il pubblico del teatro era tutto in piedi ad applaudirla.

Io ero seduto in un posto di prima fila e ascoltavo la musica senza molta attenzione. Guardavo il direttore d'orchestra; pensavo alle parole della violoncellista e mi dicevo: "Eccolo là. Con quel suo guanto nero e la mano di legno, è un assassino perfetto."

Nonostante la mano, però, il marito di Giuseppina Reggiani era un bell'uomo: alto, sportivo, viso interessante e occhi neri. Il classico tipo che piace alle donne.

Dopo lo spettacolo, l'ho trovato al bar dell'albergo che beveva.

"Mi stavo chiedendo se Lei poteva essere l'assassino", gli ho detto.

"Non scherzi, per favore."

"L'altra sera Lei è andato nella camera di Antonietta verso le dieci. All'una la ragazza era morta. Le sembra uno scherzo?"

L'ho visto cambiare espressione.

"Senta, signor Esposito, se dobbiamo parlare, è meglio andare da un'altra parte. Non voglio che qualcuno ci ascolti."

Siamo usciti dall'albergo e abbiamo camminato un po' per il centro di Venezia. Era tardi. Le strade intorno a piazza San Marco erano quasi

---

tenore: cantante d'opera (uomo). Es.: *Luciano Pavarotti è un tenore.*

deserte e nei **canali** passavano gli ultimi **vaporetti.** Siamo arrivati di fronte al teatro La Fenice e poi abbiamo continuato fino a San Polo. Finalmente, vicino al ponte di Rialto, abbiamo trovato un bar ancora aperto. Quando ci siamo seduti, gli ho raccontato quello che avevo saputo da Alba, la violoncellista.

"È vero", ha detto lui, "Antonietta era la mia amante. L'altra sera sono andato nella sua camera alle dieci, ma non l'ho uccisa io."

"Però la ragazza Le aveva dato quell'appuntamento per dirLe che non voleva più continuare la relazione. Mi sbaglio?"

"Aveva dei problemi e voleva stare da sola per un po'; ma non voleva lasciarmi. Stava vivendo dei momenti molto difficili: prima quella lettera del pazzo che la voleva uccidere, poi l'incidente di Gegia... Non era tranquilla. Quella sera abbiamo parlato di questo, poi alle undici sono andato via."

Il direttore d'orchestra ha bevuto un bicchiere di Martini. Era già il terzo da quando eravamo arrivati. Il bar era quasi vuoto. Oltre a noi, c'era solo un vecchio con la barba lunga e i vestiti sporchi che chiedeva da bere. Il barista non glielo voleva dare.

"Niente soldi, niente vino", diceva.

Il vecchio mi si è avvicinato.

"Amico, non offriresti un bicchiere di vino a un povero vecchio che ha sete?"

"Va bene", ho detto. "Ehi barista, un bicchiere di vino per il signore. Pago io."

"Grazie amico. Senti, non avresti anche una sigaretta? Sai, sono due giorni che non fumo."

---

canali: vie d'acqua, strade nel mare. Es.: *a Venezia i canali attraversano tutta la città.*

vaporetti

Note

"Eccoti la sigaretta. E adesso, per favore, non chiedermi più niente. Sto parlando con il signore e non voglio essere disturbato."

"Va bene amico, ma se non me l'accendi, come la fumo questa sigaretta?"

Gliel'ho accesa, poi ho continuato a parlare con il direttore d'orchestra.

"Allora, se ho capito bene, Lei è andato via dalla camera di Antonietta alle undici, cioè quando la ragazza era ancora viva."

"Sì, ma La prego, non dica niente a mia moglie: non voglio che lo sappia. E poi c'è un'altra cosa, forse la più importante: mentre uscivo dalla camera, è suonato il telefono. Antonietta ha parlato con qualcuno che chiedeva di vederla. Quell'uomo era Ivan, il cantante bulgaro. Da un po' di tempo la ossessionava. La chiamava a tutte le ore del giorno e della notte per leggerle la **Bibbia**."

"La Bibbia?"

"Sì. Quell'uomo è completamente pazzo. Le leggeva le pagine dell'**Apocalisse** e le diceva che la fine del mondo era vicina. Diceva anche che dovevano sposarsi prima del giorno finale perché così era deciso. Antonietta non si preoccupava troppo di lui e lo vedeva tranquillamente. Sono sicuro che anche ieri sera, dopo quella telefonata, lui è andato nella sua camera. E adesso, per favore, non mi chieda più niente; questo è tutto quello che so."

Bibbia: il libro sacro della religione cristiana e giudaica.
Apocalisse: è una delle parti della Bibbia; parla della fine del mondo.

Note

Il bulgaro

I portieri di notte sono la coscienza segreta di ogni albergo. Stanno svegli quando gli altri dormono e vedono cose che di giorno non si vedono.

Il portiere del nostro albergo era un ragazzo con i capelli corti e il viso poco simpatico. All'una meno un quarto di quella notte stava seduto all'entrata e leggeva il giornale. Gli ho chiesto se Antonietta, la sera prima verso le undici, avesse ricevuto delle telefonate in camera.

"Faccio il portiere, non il poliziotto", mi ha risposto. "Qui c'è tanta gente e non posso ricordarmi tutto."

"Forse così ti ricordi meglio", ho detto.

Gli ho dato cinquantamila lire. Di solito è un buon modo per avere informazioni. Ma a lui non bastavano, voleva altri soldi.

"Per meno di centomila non parlo", ha detto.

"Va bene, eccoti le altre cinquantamila. Adesso rispondi."

"La ragazza ha ricevuto una telefonata dalla 205. Sono sicuro di non sbagliarmi, perché io stesso ho passato la comunicazione."

"Chi c'è nella 205?"

Mi ha guardato con la mano aperta e un sorriso idiota sulla faccia.

"Allora, perché non rispondi?"

"Altre centomila, grazie."

"Tu sei pazzo..."

"Niente soldi, niente informazione."

"E va bene, tieni le centomila: allora, chi c'è?"

"È la camera del cantante bulgaro, quello un po' strano che ha sempre la Bibbia in mano."

Ho controllato le chiavi delle camere. La 205 era lì, Ivan non era ancora tornato.

"Ti ha detto dove andava?", ho chiesto.

"Altre centomila, grazie."

A questo punto mi sono arrabbiato.

"Se non rispondi subito", ho detto, "ti rompo la faccia."

"Va bene, va bene, ma stia calmo. È uscito mezz'ora fa; aveva una valigia. Mi ha chiesto dove poteva prendere il vaporetto per Santa Lucia e io gliel'ho detto."

"Santa Lucia?"

"Sì, la stazione dei treni."

Sono uscito di corsa dall'albergo. Faceva freddo e avevo i reumatismi. Siccome avevo mangiato troppo, i pantaloni erano stretti. A volte fare il detective non è un bel lavoro.

Sono arrivato alla fermata dei vaporetti, sul Canal Grande. L'ultimo era passato da circa venti minuti. Il servizio sarebbe ricominciato la mattina dopo. Se volevo andare alla stazione, dovevo pensare a qualcos'altro.

C'era un uomo con una vecchia **barca** che aspettava clienti là davanti, nel canale:

"Ha bisogno di un vaporetto, signore? Venga, La porto io con la mia barca. Per centomila lire L'accompagno dove vuole."

"Ma è carissimo!" - ho detto. " Possibile che qui a Venezia costi tutto centomila lire?"

"Di notte i prezzi sono questi. Prendere o lasciare."

Abbiamo attraversato il Canal Grande. La barca era lentissima e il motore sembrava sul punto di morire da un momento all'altro. A **nuoto** avrei fatto prima.

---

barca   **nuoto**

Note

Finalmente sono arrivato alla stazione. A quell'ora era quasi deserta. Ho controllato l'orario dei treni e ho visto che ce n'era uno per Milano che partiva alle due meno dieci. Mancavano cinque minuti. Sono corso al **binario**. C'era un uomo con un cappotto blu che aspettava il treno. Aveva un libro in mano. Era Ivan.

"Buonasera", gli ho detto. "Parte?"

Mi ha spiegato che dopo quello che era successo non si sentiva di continuare la tournée e che voleva tornare a Milano. Io gli ho ripetuto le parole del direttore d'orchestra.

"Se parte", gli ho detto, "tutti penseranno che Lei è l'assassino."

Si è messo a piangere. Poi ha iniziato a gridare. Parlava in bulgaro, sembrava un pazzo. Allora ho cercato di calmarlo. L'ho accompagnato al bar e gli ho ordinato una **camomilla**. Io ho preso un whiskey. Odio la camomilla. Dopo un po' stava meglio, ha cominciato a parlare.

"È vero, l'altra sera ho telefonato ad Antonietta. Le ho chiesto se potevamo vederci. Nel terzo atto io e lei dovevamo cantare un **duetto**, un pezzo molto difficile. Così, anche se era tardi, io volevo ripeterlo ancora. Ma lei mi ha detto che non era sola e che non poteva. Aveva una voce strana, molto preoccupata. Perciò non ho insistito. Sapevo che aveva una relazione con il direttore d'orchestra, lui era molto geloso e non le permetteva di vedermi. Io, però, non ero innamorato di lei, e non è vero che le telefonavo a tutte le ore. In un mese, l'avrò chiamata tre o quattro volte, questo è tutto. Per me Antonietta era solo un'amica."

"E la Bibbia?"

---

binario: la "strada" del treno. Es.: *il treno per Roma parte dal binario numero 4.*

camomilla: bevanda calda e rilassante. Es.: *sono molto nervoso, ho bisogno di una camomilla.*

duetto: pezzo musicale per due musicisti. Es.: *i due artisti hanno cantato un duetto di Mozart.*

Note

"Sono cristiano e seguo la parola del Signore. La Bibbia la porto sempre con me e qualche volta l'ho letta anche ad Antonietta. Ma questo non è proibito, no? Mi creda, signor Esposito: io non ho ucciso la ragazza."

È passato qualche giorno. Con Ivan e con il direttore d'orchestra, dopo quella notte, non ho più parlato. A chi dovevo credere? Alba, la violoncellista dai capelli rossi, continuava a ripetermi che l'assassino era il direttore d'orchestra, ma quella ragazza mi sembrava un po' matta e non sapevo se **prenderla sul serio**. E poi: se l'assassino era veramente il marito di Giuseppina Reggiani, perché il bulgaro aveva cercato di scappare? Insomma, era un bel mistero. Intanto la sera continuavo ad andare a teatro. Ormai conoscevo *La Bohème* a memoria e i musicisti e i cantanti si erano abituati alla mia presenza. Con Enea, il violinista, ero diventato amico. Ogni volta che lo vedevo lui era sempre molto simpatico; ma spesso mi parlava anche della moglie napoletana e dei trent'anni terribili passati con lei, e allora dovevo ascoltare lunghi discorsi sugli orrori della vita matrimoniale. Finalmente, una mattina, siamo partiti da Venezia. La tournée continuava al sud, la prossima città era Napoli.

---

prenderla sul serio (inf. prendere): crederle. Es.: *Claudia non dice mai la verità, non devi prenderla sul serio.*

PARTE TERZA

Il maresciallo

Il **camerino** era piccolo, come tutti quelli dei musicisti dell'orchestra. C'era una sedia, un tavolo e uno specchio. Il violoncello era vicino alla porta; era di colore marrone scuro e aveva la data scritta sul legno. Più a destra c'era una borsa; dentro si vedevano un'agenda, un paio di occhiali e un libro; di questo si leggeva anche il titolo: "Antonio Vivaldi, musicista veneziano. Vita e opere del prete rosso."

Lei era seduta davanti allo specchio, con la testa sul tavolo e i lunghi capelli rossi che le scendevano sulle spalle. Aveva una gonna nera e una camicia bianca sporca di sangue. Era caduto anche sul pavimento il sangue, e aveva formato tanti piccoli laghi rossi che nessuno aveva ancora pulito. Dallo stereo vicino alla finestra usciva una musica triste.

"L'hanno trovata gli altri musicisti", ha detto un carabiniere. "Siccome la ragazza era in ritardo, sono venuti a cercarla nel suo camerino. Ma lei era già morta."

Il **maresciallo** dei carabinieri Felice Lanzetta ha spento lo stereo e ha tirato fuori il cd.

"Questa musica è veramente triste", ha detto, "fa pensare alla morte."

"È il Requiem di Verdi, maresciallo. Sembra che quel pazzo lo abbia usato anche le altre volte."

"Adesso non lo userà più, per fortuna."

Il maresciallo si è avvicinato alla finestra e ha guardato la città: a Napoli c'era un bel sole e il cielo aveva il colore azzurro del mare.

---

camerino: in teatro, la stanza personale di un artista. Es.: *prima di cominciare lo spettacolo, gli artisti si preparano in camerino.*
maresciallo: comandante dei carabinieri.

Note

"Non è la giornata giusta per morire", ha pensato.

Poi è uscito dal camerino e si è preparato a rispondere alle domande dei giornalisti. Lo stavano aspettando da più di un'ora ormai, erano tutti davanti all'entrata del San Carlo, il Teatro dell'Opera di Napoli.

"La ragazza si chiamava Alba", ha spiegato il maresciallo, "e suonava il violoncello nell'orchestra. È morta poco prima dell'inizio delle **prove** de *La Bohème*. L'assassino è un cantante bulgaro, si chiama Ivan. Lo abbiamo già preso. Nel suo camerino abbiamo trovato il rasoio che ha usato per uccidere la ragazza. Era ancora sporco di sangue. Probabilmente è lo stesso rasoio che ha usato anche a Milano e a Venezia. Per ora non ho nient'altro da dire."

Il barbiere

"Allora, signor Esposito, ci lascia?"

Giuseppina Reggiani parlava con la bocca piena di cioccolata. Stava mangiando una grande torta, come al solito. Era seduta nel suo camerino. Dalla finestra entrava una bella luce chiara. A Napoli erano le cinque del pomeriggio e faceva caldo.

"Parto stasera", ho detto. "Adesso che tutto è finito non c'è più bisogno di me."

Erano passati due giorni dalla morte di Alba. Dopo aver trovato il rasoio, i carabinieri avevano arrestato Ivan. Ormai non c'era più dubbio: era lui l'assassino.

"Però che strano", ho detto, "si è lasciato prendere come uno stupido."

---

prove: ripetizioni di uno spettacolo, preparazione. Es.: *prima di uno spettacolo, gli artisti fanno molte prove.*

Note

"Si è sentito troppo sicuro di sé... E comunque non dimentichi che era un pazzo, un maniaco... Ma è meglio non pensarci più. Vuole un po' di torta?"

"No, grazie, Le ho già detto che non mi piace."

"Va bene", ha detto lei prendendone un pezzo con le mani, "allora dovrò mangiarla tutta io. Ho bisogno di energie: oggi abbiamo provato tutto il giorno. Domani sera ci sarà molta gente in teatro. Abbiamo già trovato i sostituti di Ivan e della povera Alba. Come si dice: the show must go on."

"Cosa?"

"Significa: lo spettacolo deve continuare. Lei non conosce l'inglese?"

"No, a scuola ho studiato il latino, e le uniche parole inglesi che conosco sono brandy e whiskey."

La cantante mi ha sorriso con i suoi occhi tristi, poi ha preso un altro pezzo di torta e se l'è messo in bocca.

"Adesso mi scusi", mi ha detto, "ma La devo lasciare. È l'ora degli esercizi."

"Ginnastica per **dimagrire**?" - ho chiesto.

"No, esercizi per la voce: vocalizzi."

"Ah, certo... Che stupido."

"Vede, signor Esposito, c'è solo una cosa, oltre alla voce, che permette a una buona cantante di essere una grande cantante: il lavoro. Io faccio due ore di esercizi la mattina e due ore il pomeriggio, e in vent'anni non ho mai saltato un giorno. Guardi gli altri: dopo le prove, vanno subito in albergo e non fanno più niente. Io invece rimango qui e non me ne vado finché non ho finito i miei esercizi."

L'ho salutata. Mentre uscivo, ho incontrato Enea, il violinista. Siamo andati al bar a bere un ultimo bicchiere e poi abbiamo fatto un pezzo

---

dimagrire: diventare magra. Es.: *Maria è troppo grassa, dovrebbe dimagrire.*

Note

di strada insieme.

"Quel bulgaro non mi era mai piaciuto", mi ha detto, "perciò non sono sorpreso che sia lui l'assassino. Era un tipo strano, stava sempre da solo e non parlava mai con nessuno. Una volta gli ho chiesto perché avesse sempre quella faccia così triste e lui sa cosa ha fatto? Ha preso dalla tasca un libro..."

"La Bibbia?"

"Sì... Insomma, ha preso questa Bibbia e mi ha letto una frase dell'Apocalisse."

"E Lei cosa ha detto?"

"E che dovevo dire? Le sembra normale un tipo così? A me no... Perciò sono stato zitto e me ne sono andato."

Abbiamo camminato per il centro, attraversando via Toledo, la Galleria e piazza Plebiscito. Poi siamo arrivati di fronte al mare. Enea ha detto ancora qualcosa sulla moglie napoletana e infine mi ha salutato.

Io ho continuato a passeggiare, entrando nella Napoli dei quartieri popolari: vecchi palazzi, le donne sedute a parlare davanti alla porta e i bambini che giocavano per la strada. Un uomo vendeva sigarette vicino al semaforo.

"Dammene un pacchetto", gli ho detto.

"Ecco, signore... Sono tremila lire."

Avevo solo un biglietto da cinquantamila. L'uomo non aveva il resto.

"**Venite**, le andiamo a cambiare da Gennaro."

"Chi è Gennaro?"

"È il **barbiere** qui di fronte."

Questo Gennaro era un uomo di circa sessant'anni. Aspettava clienti

---

Venite: a Napoli si usa il "Voi" invece del "Lei". Non si dice *"Cosa vuole signor Rossi?"* ma *"Cosa volete signor Rossi?"*.

barbiere: persona che taglia i capelli e fa la barba. Es.: *vado dal barbiere a tagliarmi i capelli.*

davanti all'entrata del negozio.

"Cinquantamila lire da cambiare non ce l'ho", ha detto, "oggi ho lavorato poco e nella cassa ci sono solo trentamila lire. Però, se il signore è d'accordo, con le ventimila che mancano Vi faccio barba e capelli e così siamo a posto."

"Ho il treno che parte tra un'ora e mezza", ho detto. "Non penso che sia possibile."

"Vi faccio tutto in meno di mezz'ora. GuardateVi allo specchio: ne avete proprio bisogno."

Un minuto dopo ero seduto sulla poltrona del barbiere, con l'**asciugamano** intorno al collo. A Napoli è così: vai a comprare le sigarette e alla fine ti fanno barba e capelli.

"Cominciamo dalla barba", mi ha detto. "Vi metto questo sapone speciale, che fa bene alla pelle. Ecco... Adesso state fermo con la testa, non muoveteVi..."

Non so perché, ma quando l'ho visto prendere il rasoio ho avuto paura. E per un momento, nella mia immaginazione, Gennaro è diventato un pazzo assassino.

"Stia attento con quel rasoio", ho detto. "Non vorrei farmi male."

Gennaro ha sorriso.

"Non preoccupateVi, signore; faccio questo lavoro da quarant'anni e non ho mai avuto problemi. Vedete", ha continuato, mentre mi passava dolcemente il rasoio sul collo, "fare il barbiere è un po' come suonare il violino: con la mano sinistra si tiene ferma la testa, e con la destra si passa il rasoio su e giù lungo il viso. Ecco... Sentite che musica? È come un concerto di Paganini!"

Lo so che può sembrare stupido, ma quando ho sentito queste parole

asciugamano

Note

ho avuto un terribile pensiero: e se invece di Ivan l'assassino fosse Enea? Sì, proprio lui, il violinista, quell'uomo così simpatico e gentile.

"No", mi sono detto, "non può essere."

Ma ormai non riuscivo a togliermi quell'idea dalla testa. Ho cercato di ricordarmi la nostra conversazione di poco prima: Enea era stato gentile, come al solito, poi mi aveva detto che era stanco e che voleva riposarsi. E se invece era solo un modo per liberarsi di me? Proprio quel pomeriggio Giuseppina Reggiani era da sola in teatro...

Non dovevo perdere altro tempo. Mi sono tolto l'asciugamano e con la faccia ancora sporca di sapone sono uscito dal negozio. Gennaro è rimasto con il rasoio in mano, senza capire.

Fuori era buio. La città era piena di suoni e di luci: le ultime ore del giorno sono sempre le più **animate**. C'era tanta gente che passeggiava e per le strade c'era molto traffico.

Ho preso un taxi, ma dopo dieci minuti che eravamo fermi sempre allo stesso semaforo ho capito che era meglio andare a piedi. Sono sceso dal taxi e ho cominciato a correre, cento metri, duecento... Dopo trecento metri ero già stanco. Mi facevano male le gambe e i pantaloni erano sempre più stretti, ma non potevo fermarmi e così ho continuato a correre.

Finalmente, dopo circa un quarto d'ora, sono arrivato al teatro. Ero **distrutto**. Quella sera, siccome non c'era lo spettacolo, la porta centrale era chiusa. Allora ho fatto il giro e sono entrato da quella riservata agli artisti. Al piano terra non c'era nessuno, ho salito le scale e sono andato al secondo piano, dove c'era il camerino di Giuseppina Reggiani. Ho attraversato i corridoi bui e silenziosi del teatro. Poi ho

---

animate: piene di vita, il contrario di noiose. Es.: *mi piacciono le città animate, dove c'è sempre molta vita.*

distrutto: stanchissimo. Es.: *sono distrutto, ho lavorato tutto il giorno.*

Note

sentito qualcosa, come una musica, e più mi avvicinavo al camerino della cantante più diventava forte. Era una musica triste, seria. Io la conoscevo bene, non potevo sbagliarmi: quello era il Requiem di Verdi!

EPILOGO

Napoli, il giorno dopo.

Seduto al tavolo del ristorante, guardavo il mare attraverso le finestre. Il tempo era bello e l'isola di Capri, in mezzo al Golfo, sembrava vicinissima. I giornali del mattino parlavano tutti di Giuseppina Reggiani.

Quando ero entrato nel camerino della cantante, la sera prima, Enea stava per ucciderla. Aveva messo il cd del Requiem di Verdi nello stereo e aveva già preso il rasoio. Io ero riuscito a fermarlo: lo avevo colpito in faccia e poi avevo tirato fuori la **pistola**. Più tardi era arrivata la polizia. Enea si era messo a piangere e aveva raccontato la sua storia.

Tutto era iniziato il giorno in cui la moglie, dopo trent'anni di matrimonio, era andata via con un altro. Enea di lei non aveva saputo più niente, ma da quel momento aveva cominciato ad avere un odio profondo per tutte le donne. Visto che non poteva uccidere la moglie, aveva deciso di **ammazzare** le altre: prima Gegia, che però si era salvata, poi Antonietta e infine Alba. Giuseppina Reggiani doveva essere l'ultima. Per riuscire meglio in questo suo progetto Enea aveva lasciato il rasoio sporco di sangue nel camerino di Ivan. Così i

pistola

ammazzare: uccidere.

Note

carabinieri lo avevano arrestato e nessuno si era più preoccupato dell'assassino. Per fortuna, però, io avevo capito tutto.

Adesso, prima di prendere il treno, ero venuto a pranzo nel ristorante di un mio vecchio amico.

"Ecco gli spaghetti", mi ha detto, "li ho fatti con il pomodoro fresco e la cipolla come mi hai chiesto. E poi devi provare i **merluzzetti**, ci ho messo il vino e il limone e sono buonissimi. Come contorno ti consiglio un'insalata; e infine, se hai ancora fame, ci sono anche le **frittelle di baccalà** e l'**impepata di cozze**. A Milano dove li trovi dei piatti così?"

Ho guardato tutte quelle cose buonissime.

"Forse non dovrei", ho pensato, "sto diventando troppo grasso."

Poi ho bevuto un bicchiere di vino e ho iniziato a mangiare. È stato un pranzo fantastico.

FINE

---

merluzzetti: tipo di pesce.
frittelle di baccalà: piatto di pesce tipico di Napoli.
impepata di cozze: piatto di mare tipico di Napoli.

Note

RIASSUNTO

Introduzione

La ragazza

Antonietta, una giovane cantante d'opera, è stata uccisa con un rasoio in un albergo di Venezia. Era arrivata la sera prima da Milano insieme a un gruppo di musicisti. Il detective privato Antonio Esposito racconta al commissario Occhiofino come è iniziata quella storia.

Parte prima

Il proprietario

Tutto è iniziato qualche giorno prima quando Esposito, detective senza soldi e con poco lavoro, riceve dalla Scala di Milano un invito per *La Bohème* di Giacomo Puccini.

La cantante

La sera dopo Esposito va alla Scala e ascolta l'opera. Alla fine dello spettacolo Giuseppina Reggiani, una famosa cantante, vuole parlare con lui. Gli dice che qualcuno ha ucciso il suo gatto e poi ha aggredito Gegia, la sua segretaria. Dopo questi fatti, la cantante ha ricevuto una lettera con queste parole: "*Morirete tutte*". La donna chiede a Esposito di scoprire chi vuole la sua morte. Mentre stanno parlando arriva il direttore d'orchestra, che è anche il marito della cantante. L'uomo non crede alle paure della moglie; tuttavia la donna paga Esposito e gli dice di iniziare il lavoro.

La segretaria

Il giorno dopo Esposito va all'ospedale a conoscere Gegia, la segretaria di Giuseppina Reggiani. Dopo uno sbaglio di camera, riesce a parlarle. La donna gli racconta che una sera, mentre era in teatro, un uomo con un rasoio ha tentato di ucciderla. Per salvarsi, lei si è buttata dal secondo piano del teatro. Adesso è all'ospedale con le braccia e le gambe rotte.

La giovane cantante

All'uscita dall'ospedale una ragazza ferma Esposito. Si chiama Antonietta, è una delle cantanti de *La Bohème*. Anche lei, come Giuseppina Reggiani, ha ricevuto una lettera dall'uomo con il rasoio. Più tardi, in teatro, Esposito incontra di nuovo Giuseppina Reggiani. La cantante lo invita ad andare in tournée. Così due giorni dopo Esposito è a Venezia. La sera cena insieme ai musicisti. La mattina dopo, quando si sveglia, Antonietta è morta.

Parte seconda

Il commissario

Esposito ha finito di raccontare. Insieme al commissario Occhiofino cerca di capire meglio quello che è successo. Una cosa è chiara: l'assassino è un pazzo che sta cercando di uccidere le donne che lavorano ne *La Bohème*. Il suo metodo è sempre lo stesso: rasoio e Requiem di Verdi. Ogni volta infatti c'era quella strana musica che suonava. Il commissario Occhiofino parla con i musicisti, ma non riesce a sapere molto: all'ora in cui Antonietta è morta tutti dormivano.

Il violinista

Al bar dell'albergo Esposito conosce Enea, un anziano violinista. Enea dice ad Esposito che il direttore d'orchestra porta sempre un guanto nero perché ha perso la mano in un incidente; poi aggiunge che quell'uomo non ha sposato Giuseppina Reggiani per amore, ma per interesse.

La violoncellista

La sera Esposito va a mangiare in un ristorante vicino a piazza San Marco. Qui incontra Alba, una giovane violoncellista dai capelli rossi. La ragazza dice ad Esposito che tra Antonietta e il direttore d'orchestra c'era una relazione sentimentale, e che certamente lui l'ha uccisa perché lei voleva lasciarlo. Esposito fa altre domande alla violoncellista, ma la ragazza se ne va senza rispondere.

Il direttore d'orchestra

Qualche sera dopo Esposito è a teatro ad ascoltare *La Bohème*. Dopo lo spettacolo incontra il direttore d'orchestra e gli ripete le parole di Alba, la violoncellista.

L'uomo ammette che tra lui e Antonietta c'era una relazione sentimentale, ammette anche di essere stato nella camera della ragazza dalle dieci alle undici, ma non di averla uccisa. Secondo lui l'assassino è Ivan, un cantante bulgaro che negli ultimi giorni ossessionava Antonietta.

Il bulgaro

Più tardi Esposito parla con il portiere di notte dell'albergo. Il ragazzo gli dà alcune informazioni su Ivan. Il cantante bulgaro è alla stazione e sta cercando di partire per Milano. Quando Esposito lo trova, gli ripete le parole del direttore d'orchestra. Ivan comincia a piangere, poi dice che la sera in cui Antonietta è morta, lui non l'ha vista ma le ha solo telefonato. Dopo qualche giorno Esposito e i musicisti partono da Venezia. La tournée continua a Napoli.

Parte terza

Il maresciallo

Dopo Antonietta, l'uomo con il rasoio ha fatto una nuova vittima: Alba, la violoncellista dai capelli rossi, è stata uccisa in teatro. I carabinieri di Napoli hanno arrestato Ivan, il cantante bulgaro. Nel suo camerino infatti hanno trovato un rasoio ancora sporco di sangue.

Il barbiere

Due giorni dopo Esposito va in teatro a salutare Giuseppina Reggiani. Adesso che è tutto finito il detective ha deciso di tornare a Milano. Uscendo dal teatro incontra Enea, il violinista. I due fanno un pezzo di strada insieme e poi si salutano. Mentre è dal barbiere, Esposito capisce che l'assassino è Enea. Così corre di nuovo in teatro.

Epilogo

Il giorno dopo Esposito è al ristorante e ricorda i fatti della sera prima. Quando era arrivato in teatro, Enea stava per uccidere Giuseppina Reggiani. Esposito l'aveva fermato, poi era arrivata la polizia. Il violinista aveva raccontato la sua storia: da quando la moglie l'aveva lasciato, aveva cominciato ad avere un odio profondo per tutte le donne. Per questo aveva ucciso Antonietta e Alba. Giuseppina Reggiani doveva essere l'ultima vittima. Per fortuna, però, Esposito aveva capito tutto.

Intervista sull'opera

Giornalista: Signore e signori buonasera. Come sapete, oggi alla Scala di Milano era in programma un'opera molto famosa: *La Traviata* di Giuseppe Verdi. Siamo venuti davanti all'entrata del teatro per fare alcune interviste. Lo spettacolo è appena finito, ecco il primo spettatore che esce... Scusi, come si chiama?

Esposito: Mi chiamo Antonio Esposito. Perché?

G.: Sono un giornalista della televisione. Le vorrei fare alcune domande.

E.: Guardi, lo spettacolo è durato tre ore e io non ho ancora cenato. Sto morendo di fame. Perciò mi lasci andare, per favore.

G.: Solo un minuto, La prego. Non Le chiedo di più.

E.: E va bene, sentiamo queste domande.

G.: Allora, signor Esposito: Le è piaciuta l'opera?

E.: Sì, i cantanti erano bravi. E anche l'orchestra era di buon livello.

G.: Lei viene spesso qui alla Scala?

E.: Ci vengo da vent'anni, da quando abito a Milano. Prima abitavo a Napoli e andavo al teatro San Carlo.

G.: Ah, allora Lei deve conoscere molto bene l'opera.

E.: Abbastanza. Ha finito con le domande?

G.: Non ancora. Qual è il musicista più importante nella storia dell'opera, secondo Lei? Rossini? Verdi? Puccini?

E.: Ma cos'è: un gioco?

G.: È solo una piccola intervista. Risponda, per favore.

E.: Guardi, secondo me il musicista più importante è Claudio Monteverdi. Senza di lui non ci sarebbero né *Il barbiere di Siviglia* di Rossini, né *La Traviata* di Verdi, né *La Bohème* di Puccini.

G.: E perché?

E.: Perché Monteverdi, nel 1660, ha inventato l'opera moderna. Il suo

Orfeo è il primo esempio di melodramma, cioè di opera musicale, così come lo conosciamo oggi: una storia in musica, con arie, duetti e coro.

G.: Ho capito. E Rossini? Le piace?

E.: Sì, certo. Anche lui è un grande; il più grande del suo tempo, secondo me. Ma adesso per favore mi lasci andare. Ho fame.

G.: Un momento, ci spieghi meglio. Perché secondo Lei Rossini è un grande musicista?

E.: Perché ha scritto delle opere popolarissime, ma anche di grande qualità. Come Lei sa, negli anni in cui Rossini è vissuto, cioè tra sette e ottocento, l'opera era veramente uno spettacolo popolare, come oggi il cinema e la tv; a quel tempo tutti andavano a teatro, sia i ricchi che i poveri. E le opere di Rossini erano le più amate, perché avevano delle arie bellissime che tutti potevano ricordare e cantare facilmente. Era un musicista geniale: lo sa in quanto tempo ha scritto *Il barbiere di Siviglia*?

G.: No, in quanto?

E.: In venti giorni.

G.: Soltanto?

E.: Sì, ma per lui erano già molti. Di solito, per le altre opere non gli servivano più di due settimane. Rossini era così: scriveva musica in ogni momento, spesso anche a letto.

G.: Perché, era malato?

E.: No, ma era **pigro**. Una volta, per esempio, mentre stava scrivendo della musica, gli è caduto un foglio sotto al letto. Lui, invece di alzarsi per prenderlo, ha preferito ricominciare a scrivere su un altro foglio. Più tardi è arrivato un suo amico, ha preso il foglio e gli ha detto: "*Ma hai scitto una musica tutta diversa!*" E Rossini: "*Vuol dire che la musica scritta prima la terrò per un'altra occasione.*" Insomma, per

---

pigro: il contrario di attivo; si dice di una persona che non ha voglia di faticare, che non vuole stancarsi. Es.: *Mario è molto pigro, dorme sempre.*

lui **comporre** era naturale come respirare. Però nella sua vita c'è un mistero.

G.: Quale mistero?

E.: A 37 anni, dopo aver scritto tantissime opere, improvvisamente smette; e da allora fino alla morte, quasi quarant'anni dopo, non ne scrive più neanche una. Nessuno ha mai capito perché.

G.: Lei sa molte cose, signor Esposito. Complimenti.

E.: Grazie. Posso andare?

G.: Un momento, mi dica ancora una cosa su Giuseppe Verdi: che ne pensa?

E.: Mi piace molto, anche se tra lui e Rossini c'è una grande differenza.

G.: Cioè?

E.: Senta, adesso basta. Abbiamo parlato già troppo, mi sembra...

G.: Scusi signor Esposito, ma Lei non può andare via così. Prima ci deve dire qual è questa differenza.

E.: E va bene. Per tutto il settecento, fino al tempo di Rossini, il teatro musicale è soprattutto opera **buffa** e le storie che racconta sono leggere e divertenti come una commedia. Nell'ottocento invece le cose cambiano. L'opera diventa seria, spesso tragica. Le storie del melodramma ottocentesco parlano sempre di amori infelici: di solito ci sono due uomini, uno buono e uno cattivo, che amano la stessa donna. Lei naturalmente ama il primo, ma quasi sempre il buono muore e il cattivo vince. Qualche volta, invece, come ne *La Traviata* e ne *La Bohème*, è la donna che muore, ma il risultato è sempre lo stesso: il finale è tragico. Giuseppe Verdi è stato un maestro di questo genere. E con lui anche Vincenzo Bellini e Gaetano Donizetti.

G.: Quali opere di Verdi preferisce?

---

comporre: nella musica, scrivere un'opera, creare, inventare.

buffa: comica, divertente, che fa ridere. Es.: *Flavia è buffa, quando la vedo rido sempre.*

Note

E.: Sono tutte magnifiche, ma ce ne sono tre che sicuramente sono tra le più belle di tutta la storia della musica: *Rigoletto*, *La Traviata* e *Il Trovatore*. In queste opere ci sono delle arie che tutti hanno cantato almeno una volta nella vita: "*La donna è mobile*", "*Di quella pira*"...

G.: Lei le canta spesso?

E.: La mattina, sotto la doccia. Per quest'occasione Verdi è perfetto. Quando mi faccio la barba invece canto Rossini.

G.: Il barbiere di Siviglia?

E.: Naturalmente!

G.: Bene, signor Esposito, mi dica un'ultima cosa: Le piace Puccini?

E.: Moltissimo.

G.: E *La Bohème*?

E.: Non mi parli di quest'opera, per favore.

G.: Perché?

E.: È una storia un po' lunga, Gliela racconterò un'altra volta. Adesso La saluto, vado a mangiare.

G.: D'accordo. Allora grazie e arrivederci.

E.: Senta, non conosce un buon ristorante qui vicino?

G.: Certo, ce n'è uno molto buono in via Brera. Fanno una pasta e fagioli che è **la fine del mondo**.

E.: Con i fagioli freschi?

G.: Freschissimi.

E.: Benissimo, io **adoro** la pasta e fagioli. E come secondo cosa mi consiglia?

G.: Guardi, secondo me dovrebbe provare il **brasato** con le cipolle: è la loro specialità.

E.: Allora ci vado subito. Grazie e arrivederci.

G.: Arrivederci signor Esposito e buon appetito!

---

la fine del mondo: eccezionale, fantastica. Es.: *Questa torta è la fine del mondo, ne voglio ancora un pezzo.*

adoro (inf. adorare): mi piace molto. Es.: *Adoro il mare e odio la montagna.*

brasato: piatto di carne.

Note

ESERCIZI

Introduzione - La ragazza

1. *Metti una X sulle frasi vere*
Nell'albergo qualcuno ha ucciso

a) una cameriera ☐

b) una cantante ☐

c) il direttore ☐

d) una ragazza ☐

e) Antonietta ☐

2. *Scegli il verbo giusto*
La camera era piena di poliziotti. Li (*chiamava / aveva chiamati / chiamò*) il direttore dell'albergo un'ora prima, quando la cameriera era entrata per fare le pulizie e (*trova / ha trovato / aveva trovato*) la ragazza sul letto, morta.

"Sapete chi (*era / è stata / era stata*)? Che cosa (*fa / faceva / faccia*)?" - ha domandato il commissario Pino Occhiofino.

"(*Era stata / È stata / Era*) una cantante d'opera. Sembra che (*arrivi / è arrivata / sia arrivata*) ieri sera da Milano insieme a un gruppo di musicisti. Si chiamava Antonietta."

"Va bene. Andiamo a sentire questi musicisti. Forse (*abbiamo capito / capiremo / avremo capito*) qualcosa."

Il commissario Occhiofino (*è uscito / usciva / era uscito*) dalla camera. (*Era stato / Era / È*) un po' nervoso. Quella mattina non iniziava bene per lui. (*Sono / Erano / Saranno*) appena le undici e (*c'era / c'era stato / c'è stato*) già un brutto lavoro da fare: trovare un assassino non è una cosa facile.

"E quello chi (*era / è stato / è*)?" - ha chiesto al poliziotto che stava in piedi davanti alla porta.

"Non lo so commissario, (*voleva / era voluto / vuole*) entrare a vedere e io l' (*avevo fermato / ho fermato / abbia fermato*)."

"(*Ero / Sono stato / Sono*) un detective privato", ho detto, "mi chiamo Antonio Esposito."

Il commissario Occhiofino (*diventava / è diventato / era diventato*) ancora più nervoso: come tutti i poliziotti, non (*amava / ama / ha amato*) i detective.

"Cosa (*fai / fa / hai fatto*) qui? Che (*vuole / vuoi / volevi*)?"

"È una storia un po' lunga, commissario. Se mi (*lasci / lasciava / lascia*) parlare, Le (*spiego / avevo spiegato / ho spiegato*) tutto."

Parte prima - Il proprietario

1. *Metti una X sulle frasi vere*

Il proprietario

a) va da Esposito per chiedere i soldi dell'affitto ☐

b) va da Esposito per cenare ☐

c) vuole invitare Esposito a teatro ☐

d) non ama i meridionali ☐

e) non ama la gente del sud ☐

f) non ama la gente del nord ☐

2. *Completa con i pronomi e con ne*

"Sono qui per l'affitto", _____ ha detto il proprietario, due mesi di ritardo, Lei mi capisce..."

Lo capivo, ma i soldi io non _____ avevo, si sa com'è il lavoro di un detective, ci sono dei mesi buoni ed altri meno.

"Senta", _____ ho detto, "questo mese il lavoro è andato male, ho avuto pochissimi clienti; però _____ darò i suoi soldi, non _____ preoccupi; deve solo avere un po' di pazienza, aspettare ancora qualche giorno. Lei, invece, non ha visto che il riscaldamento è rotto? Che cosa pensa di fare? Ha intenzione di riparar_____ o vuole far_____ morire di freddo?"

"Prima paghi l'affitto e poi parliamo del riscaldamento", _____ ha risposto. E ha continuato: "vede signor Esposito, il mio sbaglio è stato di affittare la casa ad uno come _____, che è di Napoli; con voi meridionali non _____ sta mai tranquilli, c'è sempre qualche problema."

"Abito a Milano da vent'anni", _____ ho detto, "e discorsi come i suoi _____ ho sentiti tanti. Quello che penso non _____ dico, perché con gente come _____ non parlo. E adesso per favore _____ _____ vada, devo ancora mangiare e la cena diventa fredda."

Parte prima - La cantante

1. *Metti una X sulle frasi vere*

Giuseppina Reggiani

a) ha paura che il pazzo uccida Rocco ☐

b) ha paura che il pazzo la uccida ☐

c) si è buttata dal secondo piano del teatro ☐

d) è la moglie del direttore d'orchestra ☐

e) ha una segretaria che si chiama Gegia ☐

f) ha invitato Esposito alla Scala ☐

Note

2. *Riordina il dialogo*

a) - Odio Walt Disney e di gatti non mi occupo: sono un detective, non la Protezione Animali.

b) - Gegia non è un gatto, è la mia segretaria.

c) - Chi è Rocco?

d) - Allora, cos'è questa storia? Perché pensa che qualcuno La voglia uccidere?

e) - Ma quanti gatti ha?

f) - Il mio gatto. Era bellissimo, bianco e marrone. Sembrava uscito da un film di Walt Disney.

g) - Ah, allora le cose cambiano.

h) - Hanno già ucciso Rocco.

i) - Hanno cercato di uccidere anche Gegia.

Parte prima - La segretaria

1. *Metti una X sulle frasi vere*

Gegia

a) è una donna grassa e brutta ☐

b) si è buttata dalla finestra dell'ospedale ☐

c) si è buttata dalla finestra del teatro ☐

d) ha due by-pass ☐

e) ha un viso lungo e magro ☐

f) ha le braccia e le gambe rotte ☐

g) è una cantante d'opera ☐

Note

2. *Scegli il verbo giusto*

All'ospedale.

"Le devo fare alcune domande", ho detto, "sono un detective, mi chiamo Antonio Esposito."

"Domande? Che domande? Non lo *(vedi / vede / veda)* che sto male?"

"Lo so che *(sto / stai / sta)* male, è per questo che sono qui. E comunque non *(ti lamenti / lamentare / si lamenti)* : dopo tutto è stata fortunata, poteva andarLe peggio."

"Ma che *(dica / dice / dici)* ? Si può sapere cosa vuole da me?"

"Voglio solo che *(mi racconti / mi racconta / si racconti)* cosa è successo quella sera", ho spiegato, "e chi era quell'uomo, che cosa le ha detto. Allora, da dove cominciamo?"

"Lei è un pazzo. *(Esci / Esca / Esce)* subito da qui o chiamo l'infermiera."

A questo punto *(mi sono innervosito / mi innervosisco / mi innervosivo)*.

"*(Senta / Senti / Sente)*, brutta grassona", ho detto mettendole un dito sulla faccia, "credi che *(sii / fosse / sia)* divertente per me stare qui a parlare con te? *(Cerca / Cerchi / Cerco)* di non fare la stupida e (*risponde / risponda / rispondi)* alle domande, è chiaro?"

"*(Scusi / Scusa / Mi scusa)*, ma Lei chi *(cerchi / cerca / ha cercato)*?"

"Cerco Gegia, stanza 321".

3. *Completa con le seguenti parole*:

ancora, dentro, ora, del solito, a un certo punto, ma, dietro, in quel momento, quando, a parte, vicino, fino, allora, perché, siccome

Gegia racconta:

"Quella sera sono rimasta in teatro più _____. C'erano molte cose da fare e alle nove non avevo _____ finito. _____ ero stanca ho deciso di continuare il lavoro a casa. Mi trovavo al terzo piano, nella parte riservata agli uffici, e _____ me nel teatro a quell'ora c'era solo il portiere, che stava al piano terra, _____ all'entrata. Ho attraversato i corridoi bui; mi ricordo che _____ la radio del teatro diffondeva il Requiem di Verdi e _____ di me ho avuto un po' di paura, _____ quel Requiem è bellissimo, ma di sera, nel teatro vuoto, fa una strana impressione. _____ ho sentito dei rumori _____ di me, è stato un momento, mi sono girata e ho visto un uomo con un rasoio in mano. Ho gridato, ho chiesto aiuto, _____ la musica era troppo forte; _____ ho cominciato a correre, sono scesa _____ al secondo piano, lui mi è venuto dietro e ha cercato di colpirmi con il rasoio; così, _____ ho visto che la finestra era aperta, non ci ho pensato troppo: ho chiuso gli occhi e mi sono buttata. _____ eccomi qui, ho le gambe e le braccia rotte, però grazie a Dio sono viva."

Parte prima - La giovane cantante

1. *Metti una x sulle frasi vere*

Antonietta

a) muore a Venezia ☐

b) invita Esposito a Venezia ☐

c) incontra Esposito a Milano ☐

d) incontra Esposito fuori dall'ospedale ☐

e) è la segretaria di Giuseppina Reggiani ☐

f) canta ne *La Bohème* ☐

Parte seconda - Il commissario

1. *Metti una X sulle frasi vere*

L'uomo con il rasoio

a) ha ucciso Gegia a Venezia ☐

b) ha ucciso Gegia a Milano ☐

c) ha ucciso Antonietta a Milano ☐

d) ha ucciso Antonietta a Venezia ☐

e) ha ucciso Antonietta nella sua camera d'albergo ☐

f) ama *La Bohème* ☐

g) ama il Requiem di Verdi ☐

Parte seconda - Il violinista

1. *Metti una X sulle frasi vere*

Il direttore d'orchestra

a) ha una moglie di Napoli ☐

b) ha una mano di legno ☐

c) ha sposato Giuseppina Reggiani per amore ☐

d) ha sposato Giuseppina Reggiani per interesse ☐

e) ha sposato Giuseppina Reggiani perché è una
   donna giovane e carina ☐

Note

2. *Riordina il dialogo*

a) - Piacere. Io mi chiamo Antonio... Antonio Esposito.

b) - No, non si sbaglia. Sono io.

c) - Sa, dopo quello che è successo noi musicisti cominciamo ad avere un po' di paura. Ma mi scusi, non mi sono ancora presentato: mi chiamo Enea e suono il violino nell'orchestra.

d) - Ma no, cosa ha capito... Io sono contro il matrimonio!

e) - Sì, di Napoli.

f) - Lei dev'essere quel detective che lavora per la signora Reggiani, mi sbaglio?

g) - Meridionale?

h) - Anche Lei è contro i meridionali?

i) - Ah, di Napoli... Come la mia ex moglie: trent'anni terribili.

Parte seconda - La violoncellista

1. *Metti una X sulle frasi vere*

La violoncellista dice che

a) il direttore d'orchestra ha ucciso Antonietta ☐

b) il direttore d'orchestra voleva lasciare Antonietta ☐

c) Antonietta voleva lasciare il direttore d'orchestra ☐

d) Antonietta e il direttore d'orchestra avevano una
   relazione ☐

e) Antonietta è andata nella camera del direttore
   d'orchestra alle dieci ☐

f) il direttore d'orchestra e Antonietta avevano un
   appuntamento alle dieci ☐

Note

2. *Completa con i pronomi, con ci, con ne e con la terminazione del participio passato*

Al ristorante.

"Se il signore _____ permette, come primo _____ consiglio i ravioli di ricotta. _____ prepara mia moglie e in tutta Venezia nessuno _____ fa così buoni. E poi _____ porto anche una bottiglia di Bardolino. Con i ravioli è il vino che _____ vuole."

"Va bene", ho detto, "accetto il consiglio."

La moglie _____ ha servit_ la cena. Era una signora di circa cinquant'anni, petto grande e braccia muscolose, più simile a un uomo che a una donna. Ma il marito aveva ragione: i suoi ravioli erano fantastici.

"Come _____ ha fatt_?" - _____ ho chiest_.

"Il segreto è mettere le uova nella ricotta."

"Quante uova _____ ha mess_?"

"_____ _____ ho mess_ due, non di più. E poi _____ ho mess_ anche tre cucchiai di parmigiano."

La donna _____ ha scritt_ la ricetta su un foglio e poi _____ ha chiest_: :

"_____ vuole ancora un po'?"

"Sì, grazie. Sono buonissimi".

"Va bene, allora _____ porto subito un altro piatto."

Parte seconda - Il direttore d'orchestra

1. *Metti una X sulle frasi vere*

Il direttore d'orchestra dice che

a) ha ucciso Antonietta ☐

b) alle dieci è andato nella camera di Antonietta ☐

Note

c) alle undici ha telefonato ad Antonietta ☐
d) lui e Antonietta leggevano spesso la Bibbia ☐
e) tra lui e Antonietta non c'era nessuna relazione
   sentimentale ☐
f) Ivan è andato nella camera di Antonietta ☐

2. *Completa scegliendo alcune delle seguenti parole*:
fino, poiché, alla fine, mentre, così, perché, mentre, ancora, con, poi, sempre, allora, prima, insomma, finalmente, perché, senza, mai, già

Non so se conoscete *La Bohème*. Siamo a Parigi, nel 1800. Rodolfo è un poeta _____ soldi, Mimì una donna giovane e bella. I due s'innamorano e vivono una grande passione, ma lei, che è molto malata, _____ muore. _____, una storia romantica e tragica. La scena più bella dell'opera è alla fine del primo atto. _____ a questo momento noi abbiamo conosciuto solo Rodolfo e di Mimì _____ non sappiamo niente. Adesso, _____, i due s'incontrano. È una scena famosa: Mimì, che abita nello stesso palazzo, bussa alla porta di Rodolfo e gli chiede di accenderle un lume. Rodolfo la invita ad entrare e le offre da bere; _____ le accende il lume e la riaccompagna alla porta, ma la luce si spegne e la chiave di casa di Mimì cade per terra. _____ la cercano, al buio, le loro mani s'incontrano. La mano di Mimì è fredda, gelata. Rodolfo la prende. Poi, _____ l'orchestra suona una melodia dolcissima, inizia a cantare.

3. *Scegli l'espressione giusta*

Il marito di Giuseppina Reggiani era un bell'uomo: alto, sportivo, viso interessante e occhi neri. (*Dopo / Prima / Mentre*) lo spettacolo, (*l' / gli / ti*) ho trovato al bar dell'albergo che beveva.

"Mi stavo (*chiesto / chiedendo / chiedere*) se Lei poteva essere l'assassino", (*le / gli / ne*) ho detto.

"Non (*scherzare / scherza / scherzi*), per favore."

"L'altra sera Lei (*andava / è andata / è andato*) nella camera di Antonietta verso le dieci. All'una la ragazza era morta; (*ti / Le / gli*) sembra uno scherzo?"

(*Gliel' / Le / L'*) ho visto cambiare espressione.

"(*Senta / Senti / Sente*), signor Esposito, se dobbiamo parlare, è meglio andare da un'altra parte. Non voglio che qualcuno (*ci ascolta / ci ascolti / ascoltarci*).

Vicino (*là / al / del*) ponte di Rialto abbiamo trovato un bar ancora aperto. Quando ci siamo seduti (*le / gliel' / gli*) ho raccontato quello che avevo saputo da Alba, la violoncellista.

"È vero", ha detto lui, "Antonietta era la mia amante. L'altra sera (*andavo / sono andato / ci sono andato*) nella sua camera verso le dieci, ma non (*l'ho uccisa / gli ho ucciso / l'ho ucciso*) io."

Parte seconda - Il bulgaro

1. *Metti una X sulle frasi vere*

Ivan dice che

a) fa il portiere, non il poliziotto ☐

b) doveva cantare un duetto con Antonietta ☐

c) vuole centomila lire per parlare ☐

d) non ha telefonato ad Antonietta ☐

e) legge la Bibbia perché è cristiano ☐

f) aveva una relazione con Antonietta ☐

Note

2. Metti i i verbi al tempo giusto

Sono uscito di corsa dall'albergo. (Fare) _____ freddo e (avere) _____ i reumatismi. Siccome (mangiare)_____ _____ troppo, i pantaloni (essere)_____ stretti. A volte (fare)_____ il detective non è un bel lavoro. (Arrivare)_____ alla fermata dei vaporetti, sul Canal Grande. L'ultimo (passare) _____ da circa venti minuti. Il servizio (ricominciare) _____ _____ la mattina dopo. Se volevo andare alla stazione, (dovere)_____ pensare a qualcos'altro.

(Esserci)_____ un uomo con una barca che (aspettare) _____ clienti là davanti, nel canale.

"(Avere) _____ bisogno di un vaporetto, signore? (Venire) _____, La porto io con la mia barca. Per centomila lire L'accompagno dove (volere)_____."

"Ma è carissimo!" - (dire)_____. "Possibile che qui a Venezia (costare)_____ tutto centomila lire?"

"Di notte i prezzi (essere)_____ questi. Prendere o lasciare."

([noi] Attraversare)_____ il Canal Grande. La barca (essere) _____ lentissima e il motore (sembrare)_____ sul punto di morire da un momento all'altro. A nuoto (fare) _____ prima.

Parte terza - Il maresciallo

1. Metti una X sulle frasi vere

A Napoli

a) è morta Antonietta ☐

b) l'assassino ha ucciso ancora ☐

c) l'assassino ha ucciso la violoncellista ☐

d) l'assassino ha ucciso Alba ☐
e) la polizia ha arrestato Ivan ☐
f) la polizia ha arrestato il direttore d'orchestra ☐

2. *Completa con le preposizioni*

Il camerino era piccolo, come tutti quelli _____ musicisti _____ orchestra. C'era una sedia, un tavolo e uno specchio. Il violoncello era vicino _____ porta; era _____ colore marrone scuro e aveva la data scritta _____ legno. Più _____ destra c'era una borsa; dentro si vedevano un'agenda, un paio di occhiali e un libro; _____ questo si leggeva anche il titolo: "Antonio Vivaldi, musicista veneziano. Vita e opere _____ prete rosso."

Lei era seduta davanti _____ specchio, _____ la testa _____ tavolo e i lunghi capelli rossi che le scendevano _____ spalle. Aveva una gonna nera e una camicia bianca sporca _____ sangue. Era caduto anche _____ pavimento il sangue, e aveva formato tanti piccoli laghi rossi. _____ stereo vicino _____ finestra usciva una musica triste.

Parte terza - Il barbiere

1. *Metti una x sulle frasi vere*
Esposito

a) ha arrestato Ivan ☐
b) si è sentito troppo sicuro di sé ☐
c) capisce che l'assassino è Enea ☐
d) capisce che l'assassino è il barbiere ☐

2. *Riordina il dialogo*

a) - Si è sentito troppo sicuro di sé... E comunque non dimentichi che era un pazzo, un maniaco... Ma è meglio non pensarci più. Vuole un po' di torta?

b)- No, a scuola ho studiato il latino e le uniche parole inglesi che conosco sono brandy e whiskey.

c) - Cosa?

d) - Allora, signor Esposito, ci lascia?

e) - No, grazie, Le ho già detto che non mi piace.

f) - Significa: lo spettacolo deve continuare. Lei non conosce l'inglese?

g) - Allora dovrò mangiarla tutta io. Ho bisogno di energie: oggi abbiamo provato tutto il giorno. Domani sera ci sarà molta gente in teatro. Abbiamo già trovato i sostituti di Ivan e della povera Alba. Come si dice: the show must go on.

h) - Sì, parto stasera. Adesso che è tutto finito non c'è più bisogno di me. Però che strano, Ivan si è lasciato prendere come uno stupido.

3. *Scegli l'espressione giusta*

A Napoli.

Un uomo vendeva sigarette vicino al semaforo.

"(*Me lo dai / Dammene / Dammelo*) un pacchetto", gli ho detto.

"Ecco, signore. Sono tremila lire."

Avevo solo un biglietto da cinquantamila. L'uomo non aveva il resto.

"Venite, (*vi / le / gliele*) andiamo a cambiare da Gennaro."

Questo Gennaro era un uomo di circa sessant'anni. Aspettava clienti davanti (*all' / dell' / dall'*) entrata del negozio.

"Cinquantamila lire da cambiare non (*ce li / ce / ce l'*) ho", ha detto.

"Oggi ho lavorato poco e nella cassa ci sono solo trentamila lire. Però, se il signore è d'accordo, con le ventimila che (*manca / mancano / manco*) Vi faccio barba e capelli e così siamo a posto."

"Ho il treno che parte (*dopo / per / tra*) un'ora e mezza", ho detto, "non credo che (*è / era / sia*) possibile."

"Vi faccio tutto in meno di mezz'ora. (*Guarda / GuardateVi / Guardati*) allo specchio: (*ne / li / Voi*) avete proprio bisogno."

Un minuto dopo ero seduto (*sul / su / sulla*) poltrona del barbiere, con l'asciugamano (*intorno / dentro / di fronte*) al collo. (*In / A / Nella*) Napoli è così: vai a comprare le sigarette e (*gli / li / ti*) fanno barba e capelli.

4. *Completa con le preposizioni*

Ho preso un taxi, ma dopo dieci minuti che eravamo fermi sempre _____ stesso semaforo ho capito che era meglio andare _____ piedi. Sono sceso _____ taxi e ho cominciato _____ correre, cento metri, duecento... Dopo trecento metri ero già stanco. Mi facevano male le gambe e i pantaloni erano sempre più stretti, ma non potevo fermarmi e così ho continuato _____ correre. Finalmente, dopo circa un quarto _____ ora, sono arrivato_____ teatro. Quella sera, siccome non c'era lo spettacolo, la porta centrale era chiusa. Allora ho fatto il giro e sono entrato _____ quella riservata _____ artisti. _____ piano terra non c'era nessuno, ho salito le scale e sono andato_____ secondo piano, dove c'era il camerino di Giuseppina Reggiani. Poi ho sentito qualcosa, e più mi avvicinavo _____ camerino _____ cantante più diventava forte. Era una musica triste, seria. Io la conoscevo bene, non potevo sbagliarmi: quello era il Requiem di Verdi!

Epilogo

1. *Metti una X sulle frasi vere*
Enea
a) ha ucciso Giuseppina Reggiani ☐
b) ha ucciso la moglie ☐
c) ha ucciso Antonietta e Alba ☐
d) ha lasciato la moglie ☐
e) ha ucciso la moglie perché l'aveva lasciato ☐
f) ha ucciso perché la moglie l'aveva lasciato ☐

2. *Completa scegliendo alcune delle seguenti parole:*
a un certo punto, più, quando, perché, dopo, mai, fino a, per, infine, che, da quel momento, prima, visto che, mentre.

Tutto era iniziato il giorno in cui la moglie, _____ trent'anni di matrimonio, era andata via con un altro. Enea di lei non aveva saputo più niente, ma _____ aveva cominciato ad avere un odio profondo per tutte le donne. _____ non poteva uccidere la moglie, aveva deciso di ammazzare le altre:_____ Gegia, che però si era salvata, poi Antonietta e _____ Alba. Giuseppina Reggiani doveva essere l'ultima. Per riuscire meglio in questo suo progetto Enea aveva lasciato il rasoio sporco di sangue nel camerino di Ivan. Così i carabinieri lo avevano arrestato e nessuno si era_____ preoccupato dell'assassino. _____ fortuna, io avevo capito tutto.

Note

Altri esercizi

1. *Completa con l'imperativo*

Dopo la fine di questa storia, Esposito ha deciso di andare dal medico. Ecco i consigli che ha ricevut[o]

	LEI			**TU**	
	Se vuole stare bene,			Se vuoi stare bene,	
mangiare	*mangi*	poca pasta!			poca pasta!
mangiarla		solo a pranzo!		*mangiala*	solo a pranz[o]
bere	non _____	molto vino!	non _____		molto vino!
berne		poco!			poco!
fumare	non _____	!		non _____	!
riposarsi		!			!
andare	non _____	a letto tardi!	non _____		a letto tardi!
andarci		presto!			presto!
fare		sport!			sport!
farlo		tutti i giorni!			tutti i giorni!

2. *Cosa significa?*

1) riparare
- a) rompere
- b) sistemare
- c) pagare

2) meridionale
- a) persona che abita al sud
- b) cantante d'opera
- c) piatto tipico

3) odiare
- a) ripetere molte volte
- b) non amare
- c) uccidere

4) infermiera
- a) donna che lavora in albergo
- b) donna che lavora in ospedale
- c) parte del teatro riservata agli artisti

5) lamentarsi
- a) riscaldarsi
- b) scherzare
- c) protestare

6) anziano
- a) simpatico
- b) vecchio
- c) grasso

7) cieco
- a) persona che non vede
- b) persona che mangia molti dolci
- c) persona che ha molto successo con le donne

Note

8) **lume**
a) parte del corpo umano
b) libro religioso
c) lampada

9) **binario**
a) strumento musicale
b) strada del treno
c) pezzo musicale per due cantanti

10) **camerino**
a) ragazzo che lavora in un ristorante
b) stanza del teatro riservata agli artisti
c) piccola canzone

11) **dimagrire**
a) diventare magri
b) fare esercizi per la voce
c) correre

12) **ammazzare**
a) mangiare molto
b) diventare pazzi
c) uccidere

ATTIVITA' IN CLASSE
ALCUNI SUGGERIMENTI PER L'INSEGNANTE*

Attività 1
Dopo la lettura di un capitolo o di una parte del racconto, dividere la classe in gruppi. Ogni gruppo prepara su un foglio delle domande su quanto letto e le consegna al gruppo vicino. Esempio: se ci sono tre gruppi A, B e C, A prepara le domande per B, B per C e C per A. Quando i fogli tornano indietro con le risposte, ogni gruppo corregge l'altro.

Attività 2
Si formano delle coppie. Ognuno dei due studenti fa un riassunto scritto di un capitolo o di una parte del racconto e consegna il foglio all'altro, che lo corregge.

Attività 3
Uno studente parla di un personaggio del racconto. La classe deve indovinare chi è.

Attività 4
La classe viene divisa in due gruppi. A turno uno dei due gruppi propone all'altro tre parole riportate in nota. Il gruppo rivale deve costruire un piccolo dialogo utilizzando almeno due delle parole proposte.

Attività 5
Drammatizzazione. Gli studenti (divisi in coppie o in gruppi, a seconda del numero dei personaggi) mettono in scena un dialogo del racconto, cercando di ripetere il più fedelmente possibile le battute del testo.
Variante A: l'insegnante consegna ad ogni gruppo un foglio con sopra un dialogo del racconto da cui sono state tolte alcune battute. Gli studenti devono completare il dialogo e poi metterlo in scena.
Variante B: gli studenti interpretano liberamente un dialogo del racconto.

---

*N.B. Le attività proposte possono essere svolte indipendentemente dall'ordine di presentazione.

Dialoghi consigliati per la drammatizzazione:

Parte prima

Il proprietario. Personaggi: Esposito e il proprietario
La cantante. Personaggi: Esposito, Giuseppina Reggiani e il direttore d'orchestra.
Questo dialogo può essere diviso in due parti:
a) Esposito e Giuseppina Reggiani
b) Esposito, Giuseppina Reggiani e il direttore d'orchestra
La segretaria. Personaggi: Esposito e Renata (la donna grassa)
La giovane cantante. Personaggi: Esposito e Antonietta

Parte seconda

La violoncellista. Personaggi: Esposito, il proprietario del ristorante, la moglie del proprietario e Alba
Anche questo dialogo può essere diviso in due parti:
a) Esposito, il proprietario del ristorante e la moglie del proprietario
b) Esposito e Alba
Il direttore d'orchestra. Personaggi: Esposito, il direttore d'orchestra, il vecchio con i vestiti sporchi (eventualmente anche il barista)

Attività 6

Per scritto, gli studenti fanno una descrizione fisica e/o psicologica di uno o più personaggi del racconto

Attività 7*

A coppie gli studenti si raccontano un'esperienza personale in cui hanno avuto molta paura. Poi si formano nuove coppie e ogni studente racconta all'altro l'esperienza che gli è stata raccontata dal compagno precedente, e così via. Alla fine, ogni studente racconta a tutta la classe l'ultima esperienza che gli è stata riferita. Inizierà così: "Racconterò una cosa che è successa a..." In seguito l'insegnante può chiedere agli studenti di fare una composizione a casa, in cui ognuno racconterà la propria esperienza.

---

*da fare dopo aver letto il racconto di Gegia, nel capitolo La segretaria

Note

Attività 8

Ogni studente scrive una ricetta di un piatto tipico del suo paese e la propone alla classe.

Attività 9

Conversazione (a coppie, in gruppo o tutta la classe insieme sotto la guida dell'insegnante). Ecco alcuni spunti:

- *Sei mai stato all'opera?*
- *Conosci la trama di qualche opera famosa?*
- *Qual è il tuo rapporto con la musica? Che tipo di musica ascolti? Suoni qualche strumento?*
- *Com'è la cucina del tuo paese?*
- *Conosci la cucina italiana? Cosa ne pensi?*
- *Sei mai stato in una delle città in cui si svolge il racconto (Milano, Venezia, Napoli)? Se sì, in che occasione?*
- *Tra le regioni del tuo Paese esistono differenze economiche, sociali, politiche, geografiche o culturali?*
- *Cosa sai della differenza tra il nord e il sud d'Italia?*

Alla fine della conversazione, l'insegnante può chiedere agli studenti di fare a casa un riassunto scritto di quanto è stato detto in classe.

Note

SOLUZIONI ESERCIZI

Introduzione - LA RAGAZZA

1: Vero b, d, e

2: aveva chiamati; aveva trovato; era; faceva; Era; sia arrivata; capiremo; è uscito; Era; Erano; c'era; è; voleva; ho fermato; Sono; è diventato; amava; fa; vuole; lascia; spiego

Parte prima - IL PROPRIETARIO

1: Vero a, d, e

2: mi; li; gli; Le; si; ripararlo; farmi; mi; Lei; si; gli; ne; Glielo; Lei; se ne

Parte prima - LA CANTANTE

1: Vero b, d, e, f

2: d-h-c-f-a-i-e-b-g

Parte prima - LA SEGRETARIA

1: Vero c, e, f

2: vede; sta; si lamenti; dice; mi racconti; Esca; mi sono innervosito; Senti; sia; Cerca; rispondi; Scusi; cerca

3: del solito; ancora; Siccome; a parte; vicino; in quel momento; dentro; perché; A un certo punto; dietro; ma; allora; fino; quando; Ora

Parte prima - LA GIOVANE CANTANTE

1: vero: a, c, d, f

Parte seconda - IL COMMISSARIO

1: Vero d, e, g

Parte seconda - IL VIOLINISTA

1: Vero b, d

2: f-b-c-a-g-e-i-h-d

Parte seconda - LA VIOLONCELLISTA

1: Vero a, c, d, f

2: mi; Le; Li; li; Le; ci; mi ha servito; li ha fatti; le ho chiesto; ci ha messo; Ce ne ho messe; ci ho messo; mi ha scritto; mi ha chiesto; Ne; Gliene

Parte seconda - IL DIRETTORE D'ORCHESTRA

1: Vero b, f

2: senza; alla fine; Insomma; Fino; ancora; finalmente; poi; Mentre; mentre

3: Dopo; l'; chiedendo; gli; scherzi; è andato; Le; L'; Senta; ci ascolti; al; gli; sono andato; l'ho uccisa

Parte seconda - IL BULGARO

1: Vero b, e

2: Faceva; avevo; avevo mangiato; erano; fare; Sono arrivato; era passato; sarebbe ricominciato (ricominciava); dovevo; C'era; aspettava; Ha; Venga; vuole; ho detto; costi; sono; Abbiamo attraversato; era; sembrava; avrei fatto

Parte terza - IL MARESCIALLO

1: Vero b; c; d; e

2: dei; dell'; alla; di; sul; a; di; del; allo; con; sul; sulle; di; sul; Dallo; alla

Parte terza - IL BARBIERE

1: Vero c

2: d-h-a-e-g-c-f-b

3: Dammene; le; all'; ce l'; mancano; tra; sia; GuardateVi; ne; sulla; intorno; A; ti

4: allo; a; dal; a; a; d'; al; da; agli; Al; al; al; della;

Epilogo

1: Vero c, f

2: dopo; da quel momento; Visto che; prima; infine; più; Per

Altri esercizi

1:

LEI	TU
mangi	mangia
la mangi	mangiala
beva	bere
ne beva	bevine
fumi	fumare
si riposi	riposati
vada	andare
ci vada	vacci
faccia	fai / fa'
lo faccia	fallo

2: 1)b; 2)a; 3)b; 4)b; 5)c; 6)b; 7) a; 8)c; 9)b; 10)b; 11)a; 12)c